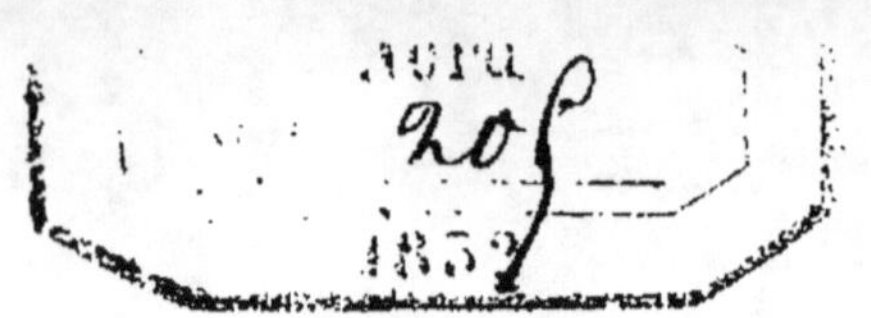

LES
BOURREAUX DU PEUPLE.

Anzin, imprimerie de Boucher-Moreau.

LES
BOURREAUX
DU PEUPLE

PAR M. L'ABBÉ COLLET, CURÉ D'AUBRY.

(le 21 Décembre 1851).

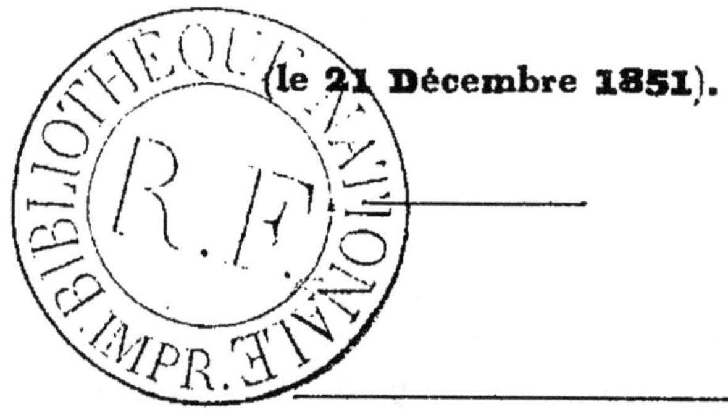

Os tuum abundavit malitiâ, et lingua tua concinnabat dolos.

Votre bouche était toute remplie de malice, et votre langue ne s'exerçait qu'à inventer des tromperies.

PSEAUME 49. V. 20.

ANZIN,

IMPRIMERIE DE BOUCHER-MOREAU, LIBRAIRE.

1852.

LES

BOURREAUX DU PEUPLE.

Les jours se succèdent avec la rapidité de l'éclair, l'heure fatale que l'on attendait avec frémissement a changé et trompé l'attitude du politique le plus expérimenté, les symptômes sinistres qui frappaient tous les esprits ont changé de face; chacun cherchait sa bannière, les partis s'accusaient, des menaces amoncelées étaient suspendues sur l'existence du pays. D'où venaient ces menaces, qui les avait produites? Qui peut les suspendre et faire rentrer le pays dans l'unité de conservation? Grande et grave question! Peut-on être téméraire de vouloir résoudre une question d'où dépend le salut de la France et du monde entier? Ici, il n'est pas question de cette force majestueuse et toujours victorieuse de l'invincible armée française quand elle marche avec sa dignité et sa discipline qui fait sa gloire, nous savons tout ce que peut la voix d'un premier général pour conserver à la France le reste d'honneur et de gloire que lui ont légués et conquis nos ancêtres? Nous sommes en parfaite sécurité avec le noble Chef de l'Etat, l'homme de la Providence, et nous nous reposons en paix sous ce drapeau qui n'a reçu aucune souillure en parcourant le monde entier! Mais n'y aurait-il pas témérité, ne serait-ce pas là une de ces grossières illusions ordinaires chez les malades désespérés, si nous n'allions chercher la source et la cause de nos malheurs, et prendre les moyens d'une paix durable? Après nos braves que nous saluons, il est une autre sentinelle plus vigilante et plus sûre encore qui donne l'éveil depuis des siècles? C'est la Religion, sans blesser aucun de ses enfans, qui nous présente et nous donne la planche de salut que le monde, les incrédules et les impies foulent aux pieds avec dédain et entraînent les pauvres mortels dans l'abîme de tous les malheurs!

Méconnaître la loi de Dieu, c'est reconnaître la force qui fait la loi, et si le peuple souverain, usant de sa souveraineté, l'emporte et devient victorieux, par une conséquence posée par tous nos contempteurs de la loi éternelle, il s'empare, il est maître, il a le droit pour lui, on ne peut lui en faire un crime; si, comme le pensent et le disent tous nos grands déserteurs de tous les devoirs religieux, il n'y a pas nécessité de rapports de la créature au Créateur qui nous oblige en tout temps et avant tout autre devoir à rendre à l'Être suprême ce qui lui appartient, ce que la loi nous commande, à aimer nos frères et à les secourir, parce qu'ils sont, ainsi que nous, faits à l'image de Dieu et destinés, comme nous, à le servir et à le posséder; tous les liens de probité se réduisent à ceux qui unissent les vils animaux pour ne pas se détruire; et les hommes n'ont d'autres obligations respectives, que des devoirs de convention et de simple bienséance; convention, bienséance qui ne sont plus qu'une chose arbitraire, elle manque du cachet d'un principe, et si le peuple élevé à l'école de ce matérialisme qu'on lui prêche de paroles et d'exemple depuis trop long-temps, laisse, comme ses maîtres, le côté éternel qui règle ses devoirs envers Dieu, envers la société, et se fait un Dieu des plus viles passions, des vices les plus dégradans, qui l'arrêtera, s'il devient victorieux? Dans une lutte générale, qui osera lui faire un crime de sa révolte ? Si la loi de Dieu n'est plus la base de la société, si elle ne guide plus les pas et les sentimens du cœur, de l'esprit des chrétiens ?

Qu'a-t-on voulu, et que peut-on sans religion ? Sans la religion divine, tous les gouvernemens, toutes les sociétés ne sont plus que l'ouvrage de la force et de la tyrannie ; les hommes ne sont plus que des esclaves enchaînés par d'autres esclaves ; les maîtres ne peuvent et ne doivent alors être considérés que comme des lions qui ont subjugués des loups, et qui leur ont donné pour règle leur caprice et leur instinct ; et la grande divinité des tyrans du peuple, LA PROBITÉ, sans religion, n'est qu'un vain fantôme qui n'a ni corps ni solidité, c'est la révolte ouverte contre l'Éternel, c'est le mépris de la parole sacrée, où la connaissance de Dieu nous apparaît environnée des pompes de l'éloquence et de la poésie ; qui écrase le vain et médiocre langage de nos philosophes (bourreaux du peuple), propre seulement à défigurer l'esprit éternel, infiniment puissant, sage, juste, bon et miséricordieux, qui est Dieu. Depuis dix-neuf siècles, la religion catholique, soutien et lumière de la société, a passé par le creuset de la raison, de la science et des luttes du schisme ; tout a été mis en œuvre soit pour obscurcir son origine, soit pour dénaturer son histoire, soit pour constater des contradictions entre ses enseignemens et les démonstrations de la philosophie. Eh bien ! toujours elle est sortie victorieuse de toutes ces luttes, et on a reconnu que c'était la philosophie appuyée sur le faible roseau de la raison qui avait eu tort de construire des hypothèses imaginaires.

L'Eglise fut long-temps par sa puissance, par sa sagesse, le bonheur et la gloire du monde ; mais surgit l'orgueil de ses enfans ingrats et dénaturés qui a fait glisser son venin dans le cœur de tous nos prétendus sages, qui, de ce bas étage, se répandit comme un torrent impétueux et destructeur dans toutes les classes de la société ; maintenant on ne voit que des hommes sans principes, la tête

leur tourne, tête vide, sur l'ongle du pouce on peut écrire
tout ce qu'il y reste d'immuable en religion, en politique,
en philosophie ; le cœur n'est pas exempt du coup qui l'a
frappé ; cœur dégradé, autrefois, il se nourrissait du ciel,
aujourd'hui, il se repaît de la terre ; il est réduit à la vie
des sens, et on a la hardiesse d'appeler cet état dégradant, ignoble, PROGRÈS !

L'intelligence où va-t-elle ? de quoi se nourrit-elle depuis vingt et trente ans ? Les ouvrages les plus impies, les
plus irréligieux, les plus immoraux de l'ancienne et dorés
de l'impiété furibonde de la nouvelle littérature, et
rendus plus dangereux par le luxe sacrilége de la typo-
graphie et de la gravure, sont donnés chaque jour, sous
toutes les formes et avec ce déluge menaçant des productions nouvelles qui surpassent en cynisme tout ce
qu'on a jamais vu, tout ce que l'imagination la plus dé-
vergondée, le cœur le plus corrompu et l'intelligence la
plus profondément pervertie peuvent inventer et produire en fait de mal ; et afin que cet épouvantable torrent, qui a brisé toutes les digues de l'honneur, tous les
liens de la famille, de la propriété, du bien-être social,
du repos public, du reste du respect pour Dieu et sa religion dans l'esprit du peuple, et qui roule ses flots me-
naçans et destructeurs dans tous les coins de la surface
de la France, puisse s'infiltrer plus sûrement et plus profondément dans ses entrailles, et empoisonner jusqu'au
dernier individu, un art infernal publie chaque matin
ces manifestes, ces productions immondes, par pamphlets, feuilletons, brochures, écrits périodiques !...

Voulez-vous maintenant connaître les amis et les bourreaux du peuple ? Voulez-vous savoir à quel degré se
trouve le thermomètre de l'ordre et de l'avenir de notre
pays, si une main providentielle et amie du bien ne vient
à son aide ? Jetez en tremblant un coup-d'œil sur la dé-
moralisation générale qu'a produit l'absence du princiipe
qui seul produit les vertus, la religion. L'arbre de la science
du mal, planté au cœur de la France, devait produire ses

fruits ; à l'ombre de ses feuillages, se sont reposés ceux qui auraient dû enlever jusqu'à sa dernière racine ; et le crime a marché d'un pas égal avec la propagation libre des mauvaises doctrines, le rationalisme a passé en tournant la tête de la vie du grand apôtre. « *Il n'y a point de puissance qui ne vienne de Dieu.... Celui qui résiste à sa puissance résiste à l'ordre de Dieu, et ceux qui résistent s'attirent la condamnation.* » Là, s'ouvrait le tombeau de l'humanité, mais Dieu veillait encore sur son peuple, et c'est à l'école de la foi en Dieu que les peuples apprennent le respect et l'amour dus au pouvoir, et que les pouvoirs trouvent leurs bases affermies en laissant aux peuples la libre expansion de la doctrine et des œuvres de la Foi.

Mais il s'en faut bien que la loi divine soit véritablement le point de mire de nos modernes niveleurs, de cette multitude d'hommes décorés du nom de philosophes, d'hommes de partis aux grands discours, aux paroles bruyantes, ils ont trop bien retenu et suivent avec trop d'acharnement le grand principe de la raison individuelle, maîtresse de la foi, de la religion catholique. Dans leur système impie, le Dieu de la société, *c'est le peuple ;* et la raison suprême de toutes les lois, *les caprices ou les passions du peuple ;* et, pour parler plus juste et montrer toute la cruauté, toute la barbarie impie de ces mécréans, *les caprices et les passions* des hauts placés, des grands meneurs qui usent de ce Dieu-peuple comme ils font du Dieu du ciel et de la religion, comme d'un jouet, ils s'en servent tantôt comme d'un marche-pied, tantôt comme d'un piédestal à leur élévation ! Le code de l'impiété et celui de l'imposture ne fit qu'un ; à les entendre, le monde, débarrassé de tout frein religieux et moral, allait goûter un bonheur dont les siècles anciens n'offraient pas d'exemple ; mais la société entière, minée par sa base, fut renversée, tout fut englouti dans l'abîme ; ils ne conservèrent que dédaigneusement les vains dehors de la religion de l'honnête homme, pour retenir dans leurs fers et mieux bander les yeux à cette génération flétrie par la débauche et l'impiété; ils comprennent encore que le peuple ne peut inpunément braver le ciel et vivre sans nulle apparence de culte; le peuple sait qu'il a été aimé et qu'il est aimé de Dieu mort sur la Croix pour la rédemption des hommes, il aime, il veut aimer ce bon peuple, laissez-lui son amour naturel, il est pour Dieu, pour sa religion; quand, séditieusement trompé, il a porté son amour vers les fantômes terrestres, il se met dans les fers; il est tombé dans les serres cruelles de cent mille despotes; quand, avec ses maîtres d'impiété, il a renié la sainte tutèle de l'Eglise, qui seule peut sauvegarder son honneur, sa dignité, ses droits, ses libertés; il s'est fait lui-même *l'unique raison* des devoirs et des droits de l'homme social; et ses droits ont été successivement méconnus, reniés, abolis, et tous ses devoirs religieux, moraux, civilisateurs et conservateurs ont été confisqués au profit de la force brutale et de la tyrannie des ennemis de l'ordre et de la religion.

Il est temps, peuple chrétien, de vous faire connaître les armes meurtrières et trompeuses dont on s'est servies pour vous enlever jusqu'à la dernière trace du sentiment noble, généreux que vous avez reçu lors de votre baptême, de votre première communion; des principes qui ont fait le bonheur et la gloire de nos pères et qui furent toujours votre consolation, votre force tant que vos âmes furent innocentes du poison de l'incrédulité et reconnaissantes envers ce Dieu fait homme pour vous, pauvre comme vous, ouvrier comme vous, dans les pleurs comme vous, vous compreniez son langage bon et miséricordieux quand il vous disait : « Venez à moi, vous tous qui êtes courbés sous le poids du fardeau et qui êtes épuisés de fatigues, *je vous soulagerai.* » Vos âmes, bons chrétiens, savaient respirer l'air d'en haut, le ciel vous apparaissait, il vous appartient, on ne vous avait pas encore matérialisés; vous fouliez la terre aux pieds, votre cœur n'en avait pas fait un Dieu menteur : la religion avec toutes ses solennités ranimait vos forces; là, se trouvait votre consolation, comme le saint Roi, vous disiez : *lœtatus sum ;* pendant la semaine, couverts des sueurs d'un labeur dur et pénible, vous disiez, la religion à la mode n'avait pas passé, j'irai dans la maison de mon Dieu, j'y trouverai le repos de l'âme et du corps, le Dieu du ciel recevra ma prière, il me bénira, il bénira ma famille ; mes enfans seront les bénis du ciel et ma consolation ; vous entendiez de votre atelier résonner l'airain sacré, vous vous disiez : Il appelle les fidèles au Sacrement de réconciliation, au banquet divin ; vous attendiez avec bonheur le jour du Seigneur pour aller, vous aussi, recevoir la parole du pardon de vos fautes ; et ce Dieu, mille fois bon et saint à la sainte Communion, l'indifférence, le mépris, les blas-phêmes des choses saintes n'avaient pas encore retenti à vos oreilles, on n'avait pu encore, par les mauvais livres, les mauvais discours, corrompre vos âmes ; à un ennemi puissant et dangereux, il faut montrer de la fermeté et étudier son faible pour déjouer ses stratagèmes.

Le monde est plein de livres, de gazettes ; sachez tou-jours discerner les bons des mauvais ; tous ceux qui se disent, instruits, philosophes, ne sont pas toujours dans le vrai ; écoutez, pour vous en convaincre, les paroles du saint Pontife Pie VI, 10 novembre 1798 : « Nous savons maintenant, disait-il, ce que veut cette sagesse perverse qui a enivré de ses poisons tous les peuples ; qui, sous le nom de philosophie, s'est emparé de l'esprit public, et qui est devenue la maîtresse de toute espèce d'impiété, de licence et de débauche, la mère de toutes les calamités et de toutes les douleurs, montrant au grand jour qu'elle n'a été inventée que pour renverser toutes les choses di-vines et humaines. » (*Aux évêques de France émigrés en Angleterre.* «

L'expérience du passé est une grande leçon, c'est le livre de l'avenir, ce livre n'est inconnu à personne, ce livre vous l'avez lu comme nous, vos pères vous en ont fait le récit. Plongez maintenant dans l'avenir un regard ferme et perçant, interrogez l'esprit public, étudiez-le dans ses manifestations diverses, le rationalisme vous apparaîtra toujours, toujours assez puissant pour tirer le monde de son léthargique sommeil, non pour l'arracher au mal et lui montrer le chemin du bien, de la vertu qui lui ferait éviter l'abîme affreux de tous les maux, mais pour le creuser sous ses pas et l'y engloutir ; c'est un ennemi, un tyran fougueux, ce n'est plus un Paul docile sur le chemin de Damas, coupable de schisme, d'hérésie, de rationalisme et de toute espèce d'outrages envers le christianisme ; le monde actuel élevé à l'école de la philosophie impie et incrédule, à celle des mauvais exemples descendus d'en haut, outragé, froissé dans ses convictions intimes et erronées, il tombera au pied de l'autel de la raison, non de celui du christianisme outragé depuis trop long-temps par les grands, les soi-disans savans, les hommes de passions, de la terre, le monde d'aujourd'hui corrompu de cœur, son intelligence pervertie par le mauvais exemple, l'endurcissement est son partage ; ennemi de la religion, de négation en négation, il est arrivé aux antipodes de la foi ; sans le comprendre, il est rationaliste et il veut l'être ; il en est fier, et, usant du droit de sa fragile raison, tout doit, selon lui, fléchir devant sa force. C'est la leçon de Luther en action, l'un dit : je crois en Dieu ; l'autre dit, je crois en moi ; l'un dit, j'ai une âme, l'autre répond que non ; l'un dit, il y a une autorité, il faut la respecter ; l'autre dit, souveraineté du peuple, indépendance ; l'un accepte les mystères, l'autre les nie..... C'est le glaive vibrant pour donner la vie ou la mort. Aussi, voyez à quelles agitations la société est livrée aujourd'hui ! Poussée en sens divers par les vents déchaînés des opinions les plus contraires, où abordera-t-elle ? Où trouvera-t-elle un port ? Elle ne le sait plus. De toutes parts, elle entend des cris qui l'appellent ; chaque voix se dit seule interprète de la vérité, elle promet seule la fin des tempêtes ; chaque signal est le signal du seul rivage tutélaire, loin duquel il n'y a que des écueils. Les voix partent de l'orient, de l'occident, du midi et du septentrion; les signaux se font voir sur les côtes les plus opposées; et puis, c'est une mêlée d'opinions, de partis, de systèmes, d'ambitions, d'erreurs, du sein de laquelle s'élève un nuage qui obscurcit, ce qui, pour la raison, est si clair; qui rend douteux ce qui, pour le bon sens, est si certain, et qui rend tout problématique, excepté la confusion des idées, l'injustice des partis, le désordre des imaginations. Et comment l'ami du peuple et de la société n'éleverait-il pas la voix, ne sonnerait-il pas l'alarme, quand il voit le bon peuple si chrétien, si religieux dans l'âme trompé, environné de tant de piéges et de dangers pour son âme et pour son corps, lorsque des leçons mensongères lui sont prodiguées tous les jours, lorsque ses vrais amis lui sont dépeints comme des ennemis les plus acharnés, comme des buveurs de sang? Tous les moyens sont mis en œuvre, vous le savez, peuple chrétien, pour repousser la vérité, anéantir le grand précepte de l'apôtre : « Que toute âme soit soumise aux puissances élevées, parce que toute puissance vient de Dieu, et que celles qui existent ont été ordonnées par Dieu même; ainsi, leur résister, c'est résister à l'ordre de Dieu, c'est se livrer à l'éternelle damnation. Il est donc nécessaire que vous leur soyez soumis, non seulement par contrainte, mais par conscience. » Tom. 19, 1, 2, 5.

Les apôtres, peuple chrétien, qui prêchaient si hautement, qui pratiquaient si religieusement l'obéissance entière et absolue à l'autorité civile, ont cependant posé les limites de cette autorité et nous ont marqué le point où la soumission doit cesser. Peuple chrétien, cette soumission entière que nous devons à l'autorité civile expire lorsque les ordres de l'autorité contrarient les préceptes divins, le principe et l'exception découlent de la même source : l'une et l'autre émanent de Dieu, auteur de toute puissance; et l'on se rend criminel envers sa suprême majesté soit qu'on résiste à l'autorité politique dans ce qui est de son ressort, soit qu'on obéisse dans ce qui est défendu

par la loi céleste ; et lorsqu'on se trouve obligé par devoir
et conscience de lui désobéir, on ne doit pas se soulever
contre elle. Le chrétien n'a qu'un moyen de résistance,
le martyre n'est pas la révolte. Et cette loi est commune
à tous les chrétiens indistinctement ; nous sommes tous
également et les enfans de l'Église, et les enfans de la patrie. Les saints, peuple chrétien, ont mesuré des yeux la
terre entière, ils l'ont comparé avec l'immensité de leur
cœur, de leur dévouement pour acquérir les biens infinis
de l'autre vie ; ils l'ont trouvée trop petite, ils n'auraient
pas, au détriment de leur salut éternel, accepté pour leur
héritage l'empire de l'univers ; mais ils ont accepté
sans crainte et avec joie la croix du Sauveur avec toutes
ses humiliations, avec toutes les vertus qu'elle enseigne
et inspire ; comme enfans de la patrie, ils n'ont pas été
moins héros intrépides. Y en eût-il de plus valeureux et
intrépides que les Josué, les Gédéon, les David et ces
vaillans Machabées qui versèrent leur sang pour la religion et la patrie ? Et Maurice, avec sa glorieuse légion
thébaine, ne furent-ils pas de valeureux soldats avant
d'être d'illustres martyrs ? Le thaumaturge de nos Gau-
les, Martin de Tours, avant de devenir un saint Pontife,
n'avait-il pas porté l'épée et combattu avec honneur pour
son prince ? Tous ces bons chrétiens, comme tant d'autres, dont le sang marque encore les pavés qui les ont il-
lustrés, n'ont pas séparé les devoirs de la religion de ceux
que leur imposait le titre de citoyens ? Vous comprenez
déjà que, sans ces principes que la religion proclame,
votre salut comme votre bonheur n'ont rien de fixe et de
certain, c'est un vaisseau jeté sans gouvernail sur un
océan orageux, il est le jouet des tempêtes et n'aborde
que sur des écueils.

Avant de vouloir vous faire déserter la vérité pour embrasser l'erreur, peuple chrétien, demandez à vos corrupteurs des explications nettes et précises. Ne l'oubliez
pas, bons chrétiens, on ne s'ennoblit pas du nom de sage,
de savant, de philosophe par la révolte contre la vérité

et la religion qui en est l'organe infaillible ; on n'est pas
sage... pour douter de tout, rejeter tout, se jouer de tout,
triste ressource de l'ignorance, de l'entêtement, du préjugé, de l'homme de passion, de l'homme injuste, du voluptueux, de l'homme insensé. Que remarque-t-on en effet, peuple chrétien, dans toutes les productions, tous
les discours de ces gens qui se disent sages, savans, sans
nul principe de religion, qui ne travaillent et ne parlent
que contre les mœurs, le bon ordre, la charité et la religion ? Plus de paradoxes que de raisonnemens, plus d'ob-
jections que de réponses, plus de railleries que de preuves, plus de grands mots que de lumière, plus de super-
ficie que de profondeur. Voilà tout ce qu'ont pu produire
jusqu'ici tant de plumes trempées dans le fiel des passions et armées du blasphême contre la religion et ceux
qui la professent ; et, depuis tant de siècles, quel fut le
résultat des efforts de l'impiété, de toute la force d'esprit de
nos incrédules ? Comprenez-le, peuple chrétien, le voici,
triste et honteuse défaite pour les corrupteurs du genre
humain, résister à une religion uniquement pour avoir
la gloire de lui résister, la rejeter avec tous ses dogmes et
ses mystères sans avoir d'autres armes contre elle que des
difficultés usées, des argumens foudroyés cent fois si victorieusement, répondre à des preuves de la dernière évidence par la dérision et la raillerie, vouloir substituer à
une religion, qui porte tant de caractères de vérités, des
doutes, des conjectures, des problèmes, des paradoxes,
des imaginations vagues, qu'on ne peut même pas rendre
vraisemblables, se voir depuis des siècles dans l'impuis-
sance de pouvoir démontrer la fausseté de la religion
qu'ils méprisent, n'avoir jamais pu se donner pour soutien une de ces plumes aussi pures et si brillantes que la
vérité qu'elles défendent, être aussi incertain de ce qu'on
ne croit pas, si ce n'est pas usurper le nom de sage, peuple chrétien ! Dites-moi, qu'est-ce ce qu'un esprit faible et
un insensé ? Voilà les aveugles et les insensés démoralisés
qui creusent l'abîme sans fond où vont se jeter tant de ci-

toyens imprudens qui ont, à l'exemple de leurs maîtres, élevé l'étendard de la révolte contre les divins enseignemens de l'Eglise catholique.

Prenez garde, peuple chrétien, pour couvrir l'impiété du manteau religieux, on viendra à vous avec un langage digne du sage du *Contrat social;* nous avons notre religion à nous, chacun est libre de pratiquer sa religion comme il l'entend ; cela nous regarde seuls, et nous servons Dieu à notre manière, vous dira-t-on ? Le serpent qui surprit la faiblesse de la première femme n'était pas plus rusé que les corrupteurs et les bourreaux de vos âmes, peuple chrétien ; ce langage veut tout simplement dire qu'ils ne pensent nullement à servir Dieu, qu'ils ne veulent en rien faire, comme les philosophes qui entendent par liberté de conscience, la liberté de n'en pas avoir; la liberté des cultes, la liberté d'une négation presque absolue de tout culte. Peuple chrétien, vous le savez, non, on n'est pas libre de servir Dieu comme ils veulent vous l'insinuer, mais on doit servir Dieu, comme Dieu veut être servi, et non autrement. Cela les regarde, disent-ils ; c'est vrai, mais il y a quelqu'un que cela regarde aussi; c'est l'Église à qui Dieu a ordonné de nous apprendre comment nous devons le servir. « Allez, a-t-il dit aux premiers évêques de son Église, allez enseigner tous les peuples; apprenez-leur à observer tous mes commandemens; celui qui vous écoute, m'écoute; et celui qui vous méprise, me méprise ; et voici que je suis avec vous jusqu'à la fin du monde. »

Voilà qui est clair, peuple chrétien! La religion chrétienne ou catholique est la même chose, qui est sans nul doute la seule vraie et véritable ; elle est donc le seul et légitime service de Dieu. C'est à elle à donner aux hommes les dogmes de la Foi et les commandemens du divin maître; tout homme qui se soustrait volontairement à l'obéissance qui lui est due, ne sert pas Dieu réellement; il offre à Dieu un culte que Dieu rejette; il veut arriver à Dieu par une voie différente de celle qui lui est tracée; c'est l'œuvre

de sa volonté qu'il opère et non celle de Dieu ; il a le si-
mulacre ou l'apparence de la religion, mais il n'en a pas
la réalité. Vous le voyez, peuple chrétien, quoiqu'en disent les déserteurs du culte de la religion, on est pas libre
de servir Dieu comme ils l'entendent ; surtout on n'est
pas libre de ne pas le servir du tout.

Il y a donc pour tout le monde, peuple chrétien, une
nécessité rationnelle et divine de se livrer à quelques œuvres extérieures de religion et de culte. Le christianisme
est en effet essentiellement pratique, dirigeant tous ses
efforts vers la réforme morale de l'homme, il n'accorde rien
à la curiosité. S'il éclaire l'esprit, c'est pour redresser la
volonté qui doit se porter vers Dieu ; s'il élève la pensée,
c'est pour ennoblir le cœur et le remplir d'amour et de
reconnaissance pour les bienfaits de Dieu ; il ne fait
l'homme savant que pour le rendre meilleur et l'exemple
de ceux qui le sont moins.

Peuple chrétien, vous le savez comme nous, les doctrines déistes, rationalistes, reçurent l'honneur, elles le
conserveront avec justice, d'avoir fait des générations de
débauchés, de voluptueux, d'impies, de profanateurs des
dimanches et de toute loi éternelle, des mécontens, des
ambitieux, des enfans rebelles à leurs parens, des in-
quiets, des avides de désastres, d'anarchie, de pillage ; tous
ces désordres crians qui vous révoltent viennent de ces pernicieuses leçons ; ils ont mis, les auteurs de ces doctrines
révoltantes, une main sacrilége, comme les apostats du
XVIe siècle, sur l'ouvrage du Christ ; ils ont, comme eux,
brisé, autant qu'ils l'ont pu, la religion qui est la chaîne
d'or qui unit la terre et les cieux ; ils ont ébranlé, boule-
versé les bases de la civilisation et ouvert la porte à l'a-
narchie, au brigandage et à la mort.

Les dogmes, les mystères de notre sainte religion ne
sont pas des idées destinées seulement à repaître l'intelligence ; ce sont des faits gros de conséquences morales, et
qui tendent à se traduire en actes. L'apôtre nous le dit,
la foi sans les œuvres est une foi morte ; n'oubliez pas

non plus ces paroles du maître: Ce n'est pas celui qui dit
Seigneur! Seigneur! qui sauvera son âme et entrera dans
le ciel, mais celui qui fait la volonté de Dieu, observe
ses préceptes, pratique les vertus dont le Sauveur nous
a laissé l'exemple.

Peuple chrétien, on ne peut donc servir Dieu comme
on voudrait vous l'insinuer; écoutez le Sauveur du monde,
près de remonter à la droite de son père, il ordonne à ses
apôtres d'enseigner toutes les nations, leur apprenant à
pratiquer tous ses préceptes. Matt. 28, 20. Chacun n'est
donc pas l'interprète de la loi et libre de se faire sa religion. Le Sauveur veut que ses apôtres soient la lumière
du monde, le sel de la terre par la prédication de sa doctrine, par la reproduction fidèle de sa vie d'humilité, de
patience et d'amour.

Vous tous, grands et riches de la terre, que la parole de
Dieu donnée pour gouverner les âmes fatigue; vous qui vous
réjouissiez peut-être de l'indifférence croissante qu'elle
rencontre trop généralement dans les peuples, pensez-y
bien! Pesez bien vos exemples, tout individu qui sort
des rangs des catholiques passe dans les rangs de vos en-
mis. Vous ne voulez pas de la pratique de la religion et
de la parole qui sauve et n'embrasse que les cœurs; vous
voulez le fer qui détruit et la flamme qui dévore les
corps; vous vous refusez à l'autorité d'un seul pape qui
ne peut vouloir que votre salut et celui des peuples, vous
aurez la suprématie de millions de papes ennemis acharnés de l'ordre, de la propriété et de l'humanité.

C'est moins la cause du catholique que nous défendons
ici que la vôtre. Sans doute, dans les bouleversemens
que vous préparez par votre éloignement de Dieu et de
sa religion, les catholiques, bons chrétiens, inévitables
fourniront leur contingent de victimes, mais il sera moindre qu'on ne pense. Le sacerdoce n'a ni le pouvoir dont
l'abus irrite le peuple, ni les richesses dont l'usage inhu-
main provoque ses fureurs, le sacerdoce, toujours po-
pulaire, l'est peut-être plus que jamais, depuis que, re-

poussé par les hautes classes, il n'a sur les classes inférieures d'autres influences que celle de ses bienfaits. Nous avons vu, il n'y a pas long-temps, des populations ouvrières devenues maîtresses de grandes villes par la force des armes, entourer de respect le clergé et imposer silence à quelques misérables, déserteurs de l'Église sans doute, par ces mots : Respect et liberté à ceux qui ont donné du pain à nos enfans. Le clergé est assez connu du peuple pour n'être pas haï ; il sait encore la leçon de son enfance : Offenser l'ambassadeur, c'est offenser le roi ; qui vous écoute, m'écoute ; celui qui vous méprise, me méprise.

Peuple chrétien, vous comprenez dans quels excès on tombe quand on a déserté sa religion et les devoirs qu'elle impose, on est donc pas libre de ne pas servir Dieu du tout. La guerre est l'état normal de la famille du Christ, puisque nul ne sera couronné, s'il n'a fait preuve de valeur. 2 Timot. 25. Souffrir et mourir, voilà l'homme. Le royaume de Dieu souffre violence, il ne peut s'acquérir qu'avec de grands et pénibles efforts. Cependant, révolté contre la croix et les souffrances, le monde déploie, pour les combattre, tout l'artifice de ses pompes et de ses voluptés ; il épuise tous les prétextes, tous les sophismes pour se soustraire à cette dure et immuable nécessité : Vous n'êtes pas libres cependant, Jésus-Christ dit en termes formels : Heureux ceux qui pleurent ! heureux ceux qui souffrent ! La lâcheté du monde ne changera pas un iota de ces paroles sacrées ; la lâcheté de l'homme irréligieux, qui ne connaît d'autre bonheur que celui des sens, d'autre occupation que celle des amusemens, d'autre empire que celui des plaisirs, n'est pas moins coupable que l'impiété elle-même. Par la funeste doctrine qu'on vous enseigne, on veut, peuple chrétien, vous faire abandonner le seul remède, l'unique remède qu'on peut victorieusement opposer à l'invasion torrentielle de l'indifférence, de la négligence, de l'oubli, de la négagion de tout culte, *la Religion, la Foi.* Vous verrez quelque fois, par exception, quelques-uns de ces hommes sans religion s'épuiser, en humanité, en combinaisons chimériques, pour guérir les maux de la société; ils ne savent pas que, hors la religion, il n'y a pas de frein à la liberté, il n'y a qu'anarchie et l'asservissement le plus abject; pour faire le bonheur de l'homme, la liberté doit descendre du ciel et marcher appuyée sur l'ordre et la religion; tous les moyens humains, quelque puissans qu'ils soient, sont impuissans, ils manquent de la pensée vitale pour réussir dans ces projets louables; sans doute, il faut se réformer et réformer l'homme lui-même pour que la société soit meilleure; ce moyen est trouvé depuis long-temps, il n'y manque que la pratique, il nous a été envoyé du Sinaï. En agissant sur l'âme humaine et en exerçant leur empire sur tous les rangs, les préceptes de la morale évangélique ont seuls le secret de corriger, par le perfectionnement de l'individu, ce que les sociétés ont d'imparfait, sans les troubler, ni les dissoudre, d'y assurer en même temps le progrès et le repos, d'en adoucir les maux et d'y répandre le bien-être, autant que le comporte, toutefois, la triste condition de l'humanité. Ecoutez l'Évangile, peuple chrétien il fournira toujours les meilleurs élémens de la théorie sociale. Qu'on suive partout ses leçons et il n'est plus besoin de rien innover dans la langue ni dans les lois; le socialisme n'est pas nécessaire, la charité suffit; on n'est donc pas libre, même comme citoyen, ami de l'ordre, de ne pas servir Dieu du tout, ou ni comme chacun l'entend. Vous comprenez donc que tous les malheurs, les désastres que nous déplorons viennent de l'abandon de la pratique de la religion, et combien sont coupables devant Dieu et devant les hommes ceux qui enseignent cette doctrine anti-sociale, impie et anti-religieuse.

Peuple chrétien, il est un autre piége plus dangereux encore tendu à votre bonheur et à votre salut par votre ennemi; il est important que je dévoile à vos yeux toute la faiblesse du sentiment, toute la honte, tout ce qu'il y a de vil, d'impie, d'irréligieux, le monstre, l'incrédule caché sous le manteau de sage, de savant, de puissant, et qui vient à vous avec une assurance sardonique, et avec une franchise qui semblerait partir d'une conviction du cœur; si on ne connaissait l'arbre à ses fruits, jeter au grand jour ce mot banal, il suffit d'être honnête homme, c'est la meilleure des religions, cela suffit. Peuple chrétien, vous avez entendu ce langage sortir de mille bouches, je n'ai ni tué ni volé, je suis un honnête homme, je n'ai rien à me reprocher; mais vous, dans le secret, vous aviez bien à dire si vous aviez osé. Eh bien ! faisons voir à l'incrédule, à l'ennemi du peuple, de Dieu et de la religion, qu'il est non seulement un homme faux dans son langage, mais encore dangereux et suspect dans sa probité; un homme injuste, entêté, qui se refuse à croire et à ne pas pratiquer la religion malgré tant de preuves et de raisons pour y croire; et qui veut et prend tous les moyens les plus pernicieux, les plus astucieux pour qu'on croie à sa vertu, malgré tant de raisons et les plus palpables que l'on a de ne pas y croire.

Peuple chrétien, vous sentez, comme moi, toute la délicatesse que je dois apporter pour toucher une corde aussi sensible que celle de la probité; on est loin de l'être dans les moyens et les stratagèmes que l'on prend pour vous perdre; je dois cependant à la vérité et à votre instruction une noble indépendance. Si je dévoile aux yeux de l'incrédule les aberrations de sa raison et de son esprit, il le souffre encore, mais oser attaquer sa probité si hautement vantée par une langue qui ne sait que déclamer la religion de l'honnête homme. Sa sensibilité se réveille, il trépigne de rage, il sent quel poids d'opprobre le couvrirait, si l'on pouvait montrer dans son système seulement un obstacle de moins pour le crime, ou un encouragement de moins à la vertu; il y a long-temps que vous savez la sentence, je la confirmerai avant d'entrer en matière : je demanderai à l'incrédule, à l'ennemi de la religion de Jésus-Christ, seule et véritable, qu'est-ce qu'il entend par *honnête homme?* Pour s'entendre, il faut connaître et parler la même langue, mais son expression est une parole qui me paraît bien élastique, bien commode et qui se prête à tous les goûts. Pour terminer d'un seul mot, cette importante question, distinguons entre les crimes secrets et les crimes publics! Prêtez l'oreille peuple chrétien. Les crimes publics auxquels les hommes ont attaché la honte et le mépris, les lois, des peines et des châtimens, la corde, le bagne, la déportation et l'échafaud; les crimes secrets que la honte n'accompagne pas, que la justice ne saurait punir, et qui échappent également au mépris des hommes et à la rigueur des lois. Cette distinction établie, je dirai à l'incrédule, à l'impie qui ne pratique pas la religion et la méprise : je veux bien supposer avec vous que, pour tout ce qui est des mœurs et de la conduite tout humaine extérieure, l'abstention de tous vos devoirs de chrétien, il arrive quelque fois, ou si vous aimez mieux, il fut un temps que la crainte, l'amour propre, le respect humain étaient un frein pour empêcher le crime public et notoire : mais pour les crimes secrets, et surtout les crimes utiles, lorsqu'il s'agira, par exemple, d'aller aux honneurs par des voies obliques, d'accroître sa fortune par des injustices, de tromper dans la vente de marchandises, à cet ouvrier, de travailler la moitié moins quand on le paie à la journée que lorsqu'il travaille à ses pièces ; à ce patron qui abuse de la misère des temps pour ravir à ses ouvriers le repos nécessaire du dimanche; à cet autre de perdre, de supplanter un rival, un ennemi dangereux ; de satisfaire une passion au dépens du prochain, de son honneur, de son innocence, de porter la désunion, la discorde au sein d'une famille par une vile passion; de jeter dans la société le germe de la discorde, de l'anarchie, de corrompre l'innocence, sans qu'il en transpire rien aux yeux des hommes; où est-il le frein, je vous prie, pour retenir l'homme sans religion? En trouverez-vous la force dans votre cœur? Eh quoi! merveille de génie, vous ignorez donc que l'homme par lui-même n'est que faiblesse, et au moins aussi porté au mal qu'au bien, au vice qu'à la vertu? L'histoire de nos jours est encore rouge du sang de l'innocent, le récit lamentable et quotidien qui remplit tous les matins les feuilles publiques de tant de crimes, de forfaits de tous genres en est la preuve trop patente pour devoir appuyer mon assertion de l'établissement des lois, des tribunaux, des supplices? Honneur au peuple chrétien et fidèle à ses devoirs! il n'a qu'une loi, et il ne respecte qu'une loi, la loi de Sinaï qui renferme toutes les autres et ferme la porte à tous les crimes. Vous dégradez par trop cette probité que vous élevez sur un trône qui doit être l'unique idole qui mérite votre encens, et vous ne voyez pas à quelle société vous vous unissez et vous appartenez, à ce dissipateur, à ce vieillard d'une avarice sordide, à cet habitué du cabaret, à ces ivrognes qui déshonorent l'espèce humaine, à cet homme débauché, trompeur, injuste, usurier, libertin, qui porte la corruption de son cœur dans tous les cercles de la société, épiant toutes les occasions de séduire l'innocence ; à ces blasphémateurs du saint nom de Dieu, à ces esprits grossiers qui ne savent que jeter le mépris sur les honnêtes gens et la religion qui leur a donné le Baptême ; demandez maintenant à cette tourbe déhontée un faible compte de tant de hontes, tous élèveront la voix avec la franchise de l'innocence et jureront et se proclameront honnêtes et très honnêtes hommes ; et, d'après les principes de l'incrédule, nul ne pourra leur nier ce titre, pourvu qu'ils n'aient ni volé ni assassiné. Comment, peuple chrétien, trouvez-vous cette morale? elle vous paraît sans doute par trop commode? Ainsi, quiconque n'a rien à démêler avec la Cour d'assises, n'aura point de compte à rendre à Dieu! Peuple chrétien, maintenant ce ne sera plus au cœur, ce sera à l'épaule désormais qu'il faudra regarder pour juger les gens, et quiconque n'aura pas le T F ou le T P (travaux forcés, travaux à perpétuité), sera réputé bon pour le ciel, bon pour partager la couronne du fervent chrétien, du saint le plus élevé dans la gloire éternelle. En vérité, on recule de honte et d'épouvante devant la religion de l'honnête homme ; et vous, incrédules... vous dites que c'est là votre religion, la religion de tous ces esprits forts de nos villes et de nos campagnes qui rougissent d'aller à l'Eglise, de pratiquer les devoirs que la Religion prescrit ? Et vous osez dire que c'est là la meilleure des religions? Si vous parliez de barbares encore ! une religion qui permet tout, hormis le vol et l'assassinat ! Vous n'y pensez pas, c'est la corruption en permanence qui a mis toutes les vertus en état de siége, c'est une pervertion et une abominable doctrine, et non pas une Religion.

Peuple chrétien, pour mettre cette vérité dans un plus grand jour et vous la faire comprendre, mettons sur la scène du monde deux hommes, l'un religieux et craignant Dieu, observateur de ses commandemens, l'autre impie et sans religion ; l'un tremblant à la pensée d'un Dieu vengeur du crime et protecteur de l'innocence ; l'autre sans crainte de Dieu et d'un avenir, n'ayant d'autre règle de ses actions que ses désirs, c'est-à-dire un très honnête homme comme le veut l'homme sans religion ; en deux mots, figurez-vous Abel et Caïn Je vous demande maintenant de ces deux hommes, de l'homme religieux et de l'honnête homme, de l'incrédule, lequel vous paraît le plus en sûreté contre les attentats de l'autre ; et des deux, à votre avis, lequel est l'honnête homme? Impies, incrédules, ne rougissez pas, vous n'osez vous prononcer? La conséquence de vos principes répondra pour vous. Il s'élève entre ces deux hommes une contestation ; l'un est jaloux de l'autre, ou pour mieux parler, l'un ambitionne les biens de l'autre ; pour les avoir, il ne lui en coûtera qu'un crime, et ce crime ne sera connu de personne ; il demeurera impuni, ignoré, Dieu seul en sera témoin. Veuillez répondre maintenant lequel des deux sera le premier à s'armer du poignard et à plonger, s'il le faut, les mains dans le sang de son frère?.... Voilà votre honnête homme, homme fratricide, voilà le monstre et l'assassin ! Mépris, honte à la religion de l'honnête homme, gloire et honneur à la religion sainte du Sauveur ! Le premier crime fut donc commis par un homme qui l'avait étouffé dans son cœur; le premier scélérat fut un impie ! Et si la religion avait toujours régné, nous serions encore à connaître le premier crime. L'impie peut donc bien être un honnête homme parfois pour le public, mais, dans le secret et pour lui-même, il n'a aucun motif de l'être; il a, au contraire, tous les motifs pour ne l'être pas. Ainsi, un homme sans religion ne dit pas toujours un homme sans probité, mais un homme dont les passions ont une barrière de moins; la probité, la vertu humaine un degré moins de sûreté, par conséquent, un homme qu'on peut soupçonner sans lui faire aucune injustice.

Peuple chrétien, les incrédules nous répondront que l'honnête homme est celui qui remplit ses devoirs de citoyens, qui fait le bien et évite le mal; ce langage est enchanteur, on croirait entendre l'Évangile, mais ils ont beau définir la vertu, l'amour de l'ordre, le sacrifice du bien particulier au bien général que la raison seule doit faire embrasser. Qu'ils nous donnent donc un motif pour nous faire embrasser cette vertu malgré nous, contre nos propres intérêts et la révolte de nos passions qui nous pousse à posséder; ils ne le peuvent pas, les lois humaines ne le peuvent pas; et s'il n'y a ni Dieu, ni religion, ni vie future, si ce monde est notre seul bien, ne semble-t-il pas que le méchant, l'oppresseur, le voleur..... n'est plus contre l'ordre; qu'en rapportant tout à ses intérêts, le méchant a raison ; ils ont en effet assez l'air de le penser, et ils le disent bien haut en parlant de l'homme religieux, du bon chrétien qui va aux offices, se confesse, communie; de l'honnête homme véritable qu'ils regardent comme un insensé, un faible esprit, un petit génie qu'ils assimilent aux bonnes femmes? Dites-nous donc maintenant, vous qui portez de si belles sentences, ce qui, dans votre système de religion à la mode, contiendra le peuple que vous avez perverti; car il n'est pas, quoique souvent meilleur que ses corrupteurs, impeccable et capa-

ble de se soutenir sans l'aide puissant de la religion, autrement vous en feriez la huitième merveille du monde; il
n'est pas sans passions, sans penchans déréglés, tout le
monde en a beaucoup; il est enclin au libertinage, à la
gourmandise, aux plaisirs des sens; qui le dirigera? le
modérera? qui dominera ses violences, domptera ses fureurs, qui retiendra son bras, sa langue? La crainte de
Dieu? Mais il n'en est pas question dans votre religion de
l'honnête homme? La voix de la raison. Mais nous savons ce que vaut le raisonnement purement humain aux
prises avec des passions violentes. Quoi donc malheureux!
qu'avez-vous fait, que faites-vous encore en désertant nos
Églises? Vous avez trempé vos mains dans le sang de vos
frères, vous avez donné le coup de mort à leurs âmes, vous
avez ouvert sous leurs pas l'abîme de tous les crimes, de
tous les malheurs? Il ne reste donc plus, insensés, avec votre système de religion anarchique que la crainte du canon,
de la mitraille, de la police et de la force brutale? Mais
alors, quelle noble religion! je ne vous en fais pas compli-
ment, j'en rougis avec ce bon peuple resté chrétien, j'en dé-
plore les tristes résultats. Laissez-nous notre religion qui
fait le bonheur, le salut du peuple et ferme les prisons,
nous laisse vivre en paix et en vraie fraternité.

Peuple chrétien, tous ces ennemis de la religion et
les vôtres sont bien loin de se laisser convaincre des raisons que nous venons de donner, et que, vous, vous ad-
mettez avec conviction; ils disent, leur système de la religion de l'honnête homme et leur révolte contre l'Église
n'est fait que pour les hommes qui ont de l'éducation et
des sentimens; ils devraient bien avoir un peu plus de
délicatesse à votre égard, et, pour ne pas exposer votre
ignorance à vous laisser entraîner dans la même révolte
qu'eux contre la vertu, la religion et ses mystères les plus
sacrés, ils auraient du, ils devraient s'enfermer dans les
antres les plus obscurs de la terre.

Leur système est faux; car la vérité ainsi que la
vertu doivent être propres à tous les états, et sans aucun

inconvénient pour la société. Jamais la vérité ne peut être nuisible aux hommes ; c'est un principe reconnu de tout le monde, même de ceux qui crient en bas les Jésuites ! qui ne connaissent plus de dimanches ; et tous nos grands meneurs et partisans de Voltaire, Jean-Jacques partagent cette opinion ; cependant, de leur aveu, leur système comme leurs exemples, qui ont gâté la plus grande partie du peuple, ne vaudraient rien entre les mains du peuple ; donc, il n'est point la vérité ; donc, il ne suffit point d'être honnête homme ; ce n'est pas là la meilleure des religions, cela ne suffit pas. Il reste donc prouvé que le système des incrédules, des impies, de tous les déserteurs des églises doit être regardé comme l'opprobre de la raison, comme une déclaration de guerre ouverte au bien public, aux braves chrétiens, aux honnêtes gens, à la simplicité du peuple qui est foncièrement religieux ; il reste donc prouvé que les impies, que ce système anarchique a formés, doivent être regardés comme le fléau de la société.

Peuple chrétien, il faut cependant convenir que le sentiment d'honneur est le supplément de la vertu dans les incrédules, vos bourreaux ; ils n'ont pas à craindre, eux, les reproches de leurs consciences, de leur propre cœur ; ils n'ont pas besoin de confessions de leurs péchés, mais ils redoutent singulièrement les jugemens du public ; ils n'évitent pas tant le vice, parce qu'il déplaît à Dieu, que sa loi a proscrit, parce qu'il fait brèche à la vertu, que parce qu'il porte atteinte à leur réputation ; la vanité les domine, elle est l'âme de toutes leurs actions. Eh bien ! nous leur dirons, défiez-vous, mettez-vous en garde, car lorsque la vertu n'est gardée que par un vice, il est bien aisé de gagner la sentinelle. Et quelle vertu, qui n'a pour principe que l'amour propre, pour appui, que l'orgueil ! Quelle vertu, qui est, pour ainsi dire, à l'ordre des temps, des évènemens, des spectateurs et s'éclipse avec eux ! qui finit comme une pièce de théâtre, où, après avoir montré un héros, il reste à peine un homme qui dément bientôt, en secret, le personnage qu'il a joué en public. La religion seule comprise et pratiquée donne à la vertu et un témoin et un juge; un témoin pour cette vie, un juge pour l'avenir. Le vrai chrétien, qui connaît Dieu, l'adore et le prie, observe ses commandemens, se soumet à l'église; c'est à elle à nous conduire et à diriger nos pas; le vrai chrétien qui écoute les ministres de Dieu, va à la messe, observe le dimanche et travaille toute la semaine, se confesse, se purifie avec contrition et repentir de ses fautes, reçoit son Dieu à la Sainte-Communion et n'attend pas dans le vice l'heure fatale de l'éternité pour aimer et servir son Dieu, son Créateur et son maître, est donc seul, le véritable honnête homme.

Peuple chrétien, vos ennemis nous répondent et ils nous disent que, peut-être, l'on voit, qu'ils connaissent des chrétiens plus déréglés, plus dépourvus de vertus et de sentimens, plus criminels, s'ils le veulent, que les incrédules de profession. Eh bien ! convenons-en, s'il le faut, mais je prétends décider par là la question qui nous occupe. Je demande donc à tous les ennemis de la religion, n'importe dans quel point de l'échelle sociale ils puissent se trouver, avez-vous jamais entendu contester au christianisme le pouvoir de rendre l'homme meilleur? Les incrédules les plus avancés conviennent que l'espérance d'un paradis, la crainte d'un enfer sont deux grands mobiles pour la vertu et deux fortes barrières contre les passions; ne sommes-nous pas tous les jours témoins de leur empressement à en faire donner l'idée à leurs enfans, à leurs épouses. Il faut généralement que les enfans, la femme et les domestiques, les ouvriers aux usines soient vertueux et craignent l'enfer, et espèrent à la récompense du ciel. Si donc, avec de tels secours, l'honnête homme, selon vous, est encore si rare parmi les bons chrétiens, que sera-ce de ceux qui ne le sont pas? Que sera-ce de ceux qui n'ont rien à attendre dans l'autre vie du bien qu'ils ont fait ou du mal qu'ils auront commis? Pensez-y donc, la crainte d'un Dieu vengeur, la crainte d'un Dieu armé de foudre n'arrête pas le chrétien; et l'incrédule, l'impie, sans religion, s'arrêtera par la crainte des hommes et par le seul respect humain? Il y a long-temps que l'expérience a fait justice de ce délire. Que dites-vous de la multitude des suicides, des homicides, des divorces, des mariages scandaleux, de la révolte des enfans contre leurs parens, des incendies, des spoliations faites ou protégées? Quoi! une éternité malheureuse ne peut toujours nous contenir dans les règles du devoir, laisse beaucoup à désirer dans les vertus d'un grand nombre de chrétiens; et vous, misérables, avec votre religion de cartes qui borne tout au temps et à ce monde, que produira-t-elle? Qui osera ouvrir les yeux et se rendre témoins des exemples funestes qu'elle vomit? Quels montres n'en doivent pas sortir?

Peuple chrétien, j'ose l'affirmer avec assurance: l'impie qui se dit honnête homme, ou bien se fait à lui-même une grossière illusion, ou bien ment à sa conscience.

Là, ne se bornent pas les devoirs de citoyen, de père, d'époux, de fils, d'ami, en un mot, les devoirs qui font l'honnête homme selon le monde, quant même tous les déserteurs d'église les rempliraient dans la perfection, il nous restera encore à leur dire: ils ont été baptisés, ils ont donc le caractère du chrétien. Qu'est-ce qu'un chrétien? Un chrétien est celui qui a reçu le baptême, croit et professe la doctrine chrétienne, la doctrine de Jésus-Christ. Leur système ne suffit pas, *non cela ne suffit pas!*

Pourquoi? Parce qu'il y a un Dieu qui règne dans les cieux, qui nous a créés, qui nous conserve, qui nous appelle à lui, qui exige et qui demande qu'il y ait des rapports de la créature au Créateur, qui nous impose une loi, parce que nous avons envers ce grand Dieu des devoirs d'adoration, d'actions de grâces, de prières, aussi rigoureux, aussi nécessaires, et même plus essentiels, plus imprescriptibles que nos devoirs vis-à-vis de nos semblables. Ceux-ci cesseraient si vous étiez séparés du reste des hommes, tandis que partout et toujours nos obligations envers Dieu subsisteront; partout et toujours, il y aura pour nous une obligation de croire en lui, de l'aimer, de l'adorer, de le prier.

Peuple chrétien, avez-vous jamais compris qu'un ingrat puisse se dire: je suis bon, je n'ai rien à me reprocher? Non, certes. Eh bien! c'est un ingrat cet honnête homme du monde qui oublie le bon Dieu! Il est son père, il lui doit l'être, la vie, l'intelligence, la dignité morale, la santé, les biens, tout; il a créé le monde pour lu comme pour nous, pour son utilité, pour son agrément. Il lui prépare dans le ciel un magnifique bonheur, fruit de sa mort, de sa passion; il est son Seigneur, il est son maître; il le bénit, il lui pardonne, il l'aime; il l'attend avec patience à la pénitence, à la vertu!

Et vous, qui vous dites avec tant d'audace sans reproches, citoyens de la petite église à la mode, que lui rendez-vous en échange? Quel amour, quel hommage lui temoignez-vous? Où est votre zèle et votre courage pour défendre les intérêts de sa gloire et de son culte? Vous souscrivez à tous les blasphèmes de ses ennemis, vous jetez le mépris sur tout ce qui a rapport à son culte, vous méprisez sa loi et tournez en dérision ceux qui la pratiquent! Vous fermez les églises à vos ouvriers tous les dimanches!

Ingrats! et vous n'avez rien à vous reprocher? et vous remplissez tous vos devoirs? Laissez tomber l'illusion qui vous aveugle, reconnaissez vos torts envers Dieu et envers le prochain que vous scandalisez, que vous pervertissez, que vous armez de haine et de vengeance pour le jour de la barricade? Reconnaissez-le, avouez-le, le joug de la religion, c'est-à-dire les devoirs qu'elle impose vous ont effrayés, et, pour vous en décharger, sans trop choquer les convenances du monde, des incrédules, des impies, ce monde votre idole, vous avez imaginé cette religion de *l'honnête homme*. Nous savons ce que cela signifie, ce que cela peul produire, ce que cela a produit; allez le demander aux braves gens du Midi, lisez et tremblez au récit des atrocités barbares qu'a produit l'oubli de Dieu, et de sa religion. Je peux me tromper ; dites-moi, je vous prie, ce que c'est qu'un honnête homme, dont la probité est fondée et ne repose que sur la nature faible et corrompue, ou sur votre frêle système qui favorise bien plus les passions que les vertus? Dites-moi ce que c'est qu'un honnête homme qui condamne, méprise et fait mépriser une religion qu'il estime au fond du cœur, pour s'en forger une qu'il ne croit pas, qu'il n'estime pas, qu'il ne peut pas croire, dans laquelle il ne voudrait pas, il n'oserait pas mourir, et dont cependant il veut paraître persuadé. Dites-moi ce que c'est qu'un honnête homme qui fait sa première loi de satisfaire toutes ses inclinations, et qui veut que le bien et le mal n'aient d'autre principe que les lois, les chartres, les constitutions et les caprices des gouvernans que l'on culbute, que l'on brise comme de faibles roseaux? Dites-moi ce que c'est qu'un honnête homme qui se fait un Dieu qu'ont adopté tous les scélérats, les Robespierre et tous ses satellites, et qui, par son système, se voit associé à tout ce qu'il y a de plus dépravé dans toutes les nations? Dites-moi ce que c'est qu'un honnête homme aux yeux duquel la tradition n'est qu'une fable, la religion un fantôme, l'autre vie un préjugé, l'âme un souffle, que l'instant du trépas dissipe et envole dans les airs, les vertus des chimères, les crimes le simple amusement des polices humaines, les rois des tyrans, des buveurs de sang, les prêtres, les braves gens, des jésuites? Peuple chrétien, la logique nous conduit à tirer les conséquences nécessaires qui sont les suites des opinions de vos ennemis; et je comprends que l'honnête homme de cette espèce d'église est un homme qui ne croit rien, qui ne craint rien, qui ne pratique rien, qui n'espère rien après cette vie, qui peut avoir quelques vertus humaines mais pas de religion; c'est-à-dire un honnête qui n'a ni foi ni loi; mettez, si vous doutez de l'assertion, sa probité à l'épreuve, que son intérêt ou son plaisir se trouvent en concurrence avec son devoir, l'expérience de tous les jours nous apprend ce que c'est d'un honnête homme de cette espèce. C'est une statue brillante portée sur des pieds d'argile, le moindre choc la fait tomber ; et quoiqu'en disent tous nos honnêtes gens de nouvelle fabrique, ils ne confieraient pas ni un secret ni leur trésor au premier de leurs disciples. Quand on a rompu les nœuds de la vertu, de la piété et de la religion, on ne reconnaît rien de sacré et d'inviolable dans la nature. David est infidèle à Dieu, il sera bientôt infidèle aux hommes ; il a perdu l'innocence par un adultère ; bientôt il perdra l'humanité par un homicide... Achab a quitté sa religion ; le triste et malheureux Nabath est forcé de lui abandonner sa vigne, s'il veut conserver la vie.

Peuple chrétien, vous le sentez, vous voyez l'abîme affreux que l'on veut creuser sous vos pas ? Vous le comprenez donc, la religion de l'honnête homme ne suffit pas, elle n'est, à vrai dire, qu'un mot sonore, vide de sens, destiné à pailler aux yeux du monde des désordres, des faiblesses dont la pratique de la religion est le seul remède, ou à étaler aux yeux du public des actions d'éclats dont on ignore les motifs et qui sont loin de faire des modèles de vertus, mais plutôt des héros de la vanité. L'homme vertueux n'a pas besoin de témoin pour l'être ; aussi il faut voir et entendre tous ces partisans de la religion de l'honnête homme, se vanter, sonner de la trompette pour publier les actes de leur philantropie ; il n'en est pas un seul, malgré ces démonstrations trompeuses, qui, au fond du cœur, ne se défie de son semblable ; pas un seul qui voulût voir sa vie, sa fortune, son honneur à la discrétion des autres ; dans le secret, ils se rendent tous la justice de se mépriser mutuellement ; et pourquoi tairions-nous notre pensée sur leur vain titre d'*honnête homme*, et nous appartient-il de les estimer plus qu'ils ne s'estiment eux-mêmes ?

Peuple chrétien, à tant de preuves, de faits et d'expériences journalières, quelle réponse croyez-vous que tous vos ennemis et incredules vont nous donner? Vous en serez étonnés : ils osent m'accuser d'exagération et de mauvaise foi à leur égard ; je m'en étonne ; heureusement, bon peuple, vous savez maintenant de quel côté se trouvent vos amis. On peut être incrédule et *honnête homme,* disent-ils ; on en a vu et on en voit encore tous les jours des exemples, je veux bien et avec plaisir le leur accorder ; mais qu'ils prennent garde, que prouvent ces exemples? Ils prouvent seulement que lorsqu'on a un caractère vertueux, que la religion et l'éducation ont perfectionné dans la jeunesse, il est bien difficile d'étouffer entièrement cette bonne semence et d'abandonner tout principe ; ils prouvent, ces exemples, qu'après un certain âge, l'esprit a beau voltiger et s'enivrer du poison des doctrines irréligieuses, des opinions des incrédules, les premières impressions plus célestes et divines reviennent toujours au-dessus de cet océan d'incrédulité ; et le cœur est toujours à la vertu par la force de l'inclination, de l'habitude ou de l'amour propre. Dans une âme bien née, bien élevée, la nature est plus forte que les opinions, les systèmes ; et jamais on n'arrive à y détruire tout ce que les impies, les incrédules appellent préjugé et qu'ils osent remplacer par la petite religion de l'*honnête homme,* parce que la religion qui, heureusement, préside à la première éducation, a plié de bonne heure le cœur à la sagesse, à la vertu, leur a fait jeter des racines si profondes que l'illusion, le torrent des passions ne peuvent jamais tout emporter ; les exemples qu'ils nous donnent, nous voudrions pouvoir les tripler nous-mêmes, sont donc encore des preuves éclatantes en faveur de la religion ; ils prouvent que, sans leurs pernicieuses doctrines, la vertu jouirait de tout son éclat dans le monde ; ils ont beau affecter de n'y plus tenir par la foi, de se blottir dans leur chétive église, ils appartiennent à la religion par la probité ; cela est vrai, peuple chrétien, combien dans ce temps de Jubilé qui vient de finir, n'en avez-vous pas vu, touchés, convertis, abjurer leurs erreurs, embrasser avec joie et bonheur ces devoirs si doux aux cœurs chrétiens que Dieu impose à ses enfans?

Tous ne sont pas rentrés, peuple chrétien, et ceux qui restent encore attachés à l'incrédulité, nous disent encore, on peut être incrédule et honnête homme, on en voit des exemples. A quoi pensent ces impies en tenant ce langage? Comment ne sentent-ils pas, non seulement que ce n'est rien dire en faveur de leur incrédulité, de leur petite église de l'honnête homme, mais qu'au contraire, c'est prononcer sa condamnation et en faire la satire la plus cruelle, la jeter dans la foule comme un cri désespéré, qui sert de dernier appui à l'homme dont on blâme l'attachement à une certaine profession décriée d'un public honnête, on y voit cependant des gens de bien? Ce n'est pas assez que l'incrédulité n'exclue pas, ne détruise pas les vertus de l'honnête homme, mais il faut que ses partisans nous prouvent et nous montrent qu'elle ne s'accorde pas avec les vices du méchant, qu'elle ne favorise pas le crime et les passions, qu'elle n'ouvre pas la porte à tous les malheurs et n'enlève pas le bonheur et la paix de dessus la terre? Ici, peuple chrétien, la réponse, c'est un moment de silence absolu.

Mais ils reprennent: on peut être honnête homme et incrédule? Quelle honte pour l'incrédulité d'être réduite à ce langage! On peut être honnête homme et être déréglé dans ses mœurs, avec une conduite légère, mépriser le culte divin du monde entier et renier les promesses de son baptême, et l'acte solennel de sa première Communion? Toutes ces folies n'ont jamais été des raisons suffisantes pour se couvrir d'un titre qui cache tous les désordres. Quoi donc! serait-ce faire l'éloge du christianisme que de dire qu'on peut être à la fois honnête homme et chrétien? Non, sans doute; la gloire de la religion n'est pas de ne point exclure la probité, mais de l'exiger, de la supposer, de la perfectionner même; et qu'en un mot, tous ses principes soient si étroitement unis à ceux de la probité, que manquer à l'une ce serait manquer à l'autre, et qu'on cesse d'être chrétien, dès lors qu'on cesse d'être honnête homme. De même pour l'honneur de l'honnête homme incrédule et de sa petite église, il faudrait prouver, non pas que l'incrédulité peut être compatible avec la vertu, mais qu'elle est si incompatible avec le crime, qu'un malhonnête homme, un fourbe, un imposteur, un ivrogne, un débauché, un méchant ne peut être par là même ni athée, ni pyrrhonien, ni déiste, luthérien, calviniste et un scélérat. Tant que tous ces hommes qui fuient l'Église, leurs devoirs de chrétien ne nous auront pas démontré cette proposition, nous leur dirons toujours avec assurance et en pleine vérité : non, il ne suffit pas d'être honnête homme, ce n'est pas la meilleure des religions, cela ne suffit pas, cela ne peut suffire ! Nous dire qu'on voit des gens de bien sans religion, c'est dire simplement qu'il est des exceptions à tout, des contradictions à tout, et qu'on voit des honnêtes gens parmi les impies, à peu près comme on trouve quelque fois un humain parmi les sauvages, et des hommes parmi les barbares. La religion n'est pas une exception, c'est une vérité ! c'est l'œuvre de Dieu ! personne n'a le pouvoir ni la puissance d'y toucher ; dans sa marche majestueuse, au milieu des siècles. malheur à l'imprudent et criminel mortel qui veut entraver sa course divine, il vient se briser contre le roc inébranlable sur lequel elle est bâtie. Les portes de l'enfer ne prévaudront pas contre elle.

Peuple chrétien, je n'ai pas encore défini la question : si absolument l'on peut être honnête sans religion, je ne veux point porter ce point d'attaque trop général, je me contente de dire seulement qu'on a plus de peine de l'être, que, pour l'ordinaire, on ne l'est pas ; c'est assez pour l'incrédule de savoir qu'il attire sur sa tête tous les anathèmes prononcés par l'Eglise ; que, de quelque côté qu'il puisse se tourner, il n'aperçoit que des malédictions ; parce qu'il foule aux pieds le sang de Jésus-Christ même, c'est-à-dire le seul remède qui peut le sauver, parce qu'il fait divorce avec l'Eglise entière, avec tous les justes de la terre et du ciel; parce qu'il ne vit que pour corrompre des âmes, et pour se corrompre lui-même en s'enfonçant de plus en plus dans les horreurs de l'impiété. Tant qu'on espère en Dieu et qu'on croit en lui, les maux ne sont point à leur comble, et l'homme quelque chargé de crimes qu'il puisse être, a toujours la ressource de pouvoir se relever; mais lorsqu'on se fait gloire d'outrager l'Etre suprême, d'insulter à sa providence ou de la méconnaître, de se rallier de ses mystères et de son culte, il n'y a plus de bien à attendre; l'âme se couvre de ténèbres les plus épaisses, le cœur se remplit des désirs les plus corrompus, et chaque pas devient une funeste chute.

Peuple chrétien, pour vous donner une nouvelle preuve de tout ce que nous avons dit, comparons un moment les devoirs, les sentimens, la conduite, les actions, les vertus de l'honnête homme chrétien avec la conduite, les sentimens et les actions des impies et des incrédules partisans de la petite église de l'honnête homme; et, de cette comparaison, il sortira une démonstration plus forte que tous les raisonnemens. Prêtez-moi un moment d'attention, je termine :

Un honnête homme religieux respecte sa patrie et ses maîtres; il n'oublie pas de mettre en pratique ces paroles de l'Evangile : *Rendez à César ce qui appartient à César, et à Dieu ce qui appartient à Dieu.* Il s'attache au chef de l'état comme à celui qui représente l'Etre suprême, qui tient sa place et à qui l'on doit, dans tous les lieux et dans tous les temps, un respect véritable et un amour filial; il est soumis à Dieu qu'il craint d'offenser, à l'Eglise dont il connaît l'autorité; il ne parle et n'agit que conformément à ses devoirs, il respecte les mœurs et les lois publiques; il ne se permet ni de les attaquer par ses écrits, ni de les blesser par ses discours, ni de les fronder par des systèmes. Mais les incrédules et les impies qu'ont-ils fait dans tous les temps, que font-ils maintenant? L'armée entière, secondée de la gendarmerie et de tous les agens de police, suffit à peine pour contenir cette multitude pervertie, corrompue par les leçons de l'incrédulité ; la religion de l'honnête homme ne suffit donc pas ? Qu'en sorte-t-il ? Livres scandaleux, satires sanglantes, poésies infâmes, pamphlets incendiaires, romans licencieux, sciences, lettres, beaux-arts, tout, dans leurs écrits, respire l'audace et la licence la plus effrénée ; l'amour des nouveautés les plus dangereuses, les appâts les plus destructeurs de l'ordre, de la religion et de la société. Avant ce temps d'impiété, de l'existence du système des incrédules, leurs mauvais exemples, leurs discours impies, leur conduite scandaleuse et anti-chrétienne, leur religion d'étoupes, leurs blasphèmes contre celle du Christ, la reléguant par leurs railleries sardoniques à l'usage des enfans, des femmes et des petits génies qui ont été et sont encore la gloire et l'honneur du monde civilisé et chrétien, avait-on l'idée du désordre qui fait rougir l'âme honnête et fait reculer l'homme juste et religieux ? Oh incrédulité ! oh hommes irréligieux qu'avez-vous fait ? Tant de désordres n'avaient jamais souillé la terre, la société n'avait jamais été si généralement, si foncièrement gâtée, pervertie, perdue ? Et depuis qui lui a été donné, laissé libre de se répandre, qu'on me montre ce qu'elle a épargné ? Est-il rien de si saint dans nos mœurs qu'elle n'ait profané, de si sacré dans la religion qu'elle n'ait blasphémé, raillé, tourné en dérision, de si respecté dans nos lois qu'elle n'ait ébranlé, de si sage dans les principes des gouvernemens qu'elle n'ait attaqué, d'autorité si respectable qu'elle n'ait insulté ; de feuilles périodiques qu'elle n'ait alimenté de son venin meurtrier, et qui, tous sortis de cette source impure, ont imprimé une honte éternelle à notre siècle et lancé au dernier ban la grande nation des Francs ? Voilà, peuple chrétien, ce qu'ont produit ces mauvaises doctrines qu'on cherche à vous faire avaler. Jugez maintenant la différence immense qui distingue l'homme chrétien de l'incrédule, du partisan de la religion de l'honnête homme ; jugez de l'arbre par ses fruits, on les recueillait ces jours derniers à Paris, dans le midi de la France rouges de sang et couverts de crimes ; jugez de la probité des maîtres par celle des disciples !

Encore un instant d'attention, peuple éhrétien, je termine. Un honnête homme chrétien respecte tout ce qui est utile au bien public, fût-ce même des préjugés ; or, de l'aveu même des impies, quoi de plus nécessaire que la religion ? Il en faut une, disent-ils, pour les enfans, pour contenir le peuple. Passons l'insulte qu'ils vous font, ils semblent dire que vous n'êtes que des bêtes féroces, des tigres qu'il faut dompter par la crainte mais non par la foi ; les bonnes et sages doctrines, les exemples de vertus, il faut une religion. Quelle pitié pour ces hauts et puissans génies ! ils en ont fabriqué une de leur façon, la religion de l'honnête homme, c'est-à-dire liberté entière de vivre au gré de ses désirs, couvrir d'un voile bien épais la loi de Dieu... Je n'oserais, peuple chrétien, finir cette phrase ; ce tableau vous fait peine : prenons plutôt, s'il nous est possible, ce voile gros d'iniquités dont ils veulent se servir pour se mettre à couvert de la voix de Dieu et de son Eglise, et plaçons-le sur toutes leurs iniquités, afin que leurs vapeurs pestilentielles cessent de porter les ravages de la mort. Oui, peuple chrétien, la religion est nécessaire, c'est le lien qui attache le ciel à la terre ; elle est la base solide et indipensable de toute société, indispensable à l'homme dans toutes les situations. Sans ses espérances et ses promesses, sans ses menaces et ses châtimens, où serait la ressource de l'homme dans la plupart des situations de la vie ? Je suis infirme, qui me soutiendra dans mes maux, si ce n'est la religion ? J'ai des peines, qui essuiera mes larmes, si ce n'est la religion ? Je suis pauvre et malheureux dans ce monde, qui me consolera, si ce n'est la religion par l'espoir d'une vie plus heureuse ? J'ai des passions à réprimer, qui les enchaînera mieux que les terreurs de la religion ? J'ai des chagrins et des ennuis accablans qui me dégoûtent de la vie, qui me préservera du désespoir et d'attenter sur mes jours, si la religion n'arrête mon bras? Sans la religion, tous les malheurs, tous les chagrins forment une mer qui inonde la terre; qui pourrait sans elle nous consoler du malheur de naître et de la nécessité de mourir? Quel est l'être qui peut vivre hors de son élément? L'homme vient de Dieu, il est à Dieu, il va à Dieu; hors de là, il perd avec la vie, la paix, le bonheur et les jouissances de l'âme. O impie! ô incrédule! ô aveuglement inconcevable! que faites-vous donc en méprisant, en vous éloignant, en combattant cette religion, fille du ciel, en tachant de l'ébranler, de la décrier, de la remplacer par votre probité chimérique? Vous arrachez à vos semblables, vous arrachez au peuple tout ce qu'ils ont de plus précieux, de plus cher au monde; vous ôtez au malheureux leur consolation, à l'infirme son soulagement, au mariage sa sainteté, à la société sa base et son appui, au pauvre son espoir, aux vertus leur récompense, aux crimes leurs châtiments, à la famille ses liens, à la propriété ses droits, et aux mœurs, leur plus ferme appui. Quel honnête homme, qui est à la fois l'ennemi le plus cruel, le plus meurtrier du genre humain et le fléau de la société?

Peuple chrétien, un honnête homme ne doit jamais trahir son sentiment soit à la vie, soit à la mort; il n'a pas deux langages. Je me trouve donc forcé de vous dire que les incrédules, les impies, à des exceptions bien rares, sont tachés de ce vice honteux et dégradant, qu'ils portent la fourberie jusqu'au moment le plus consacré à la vérité, jusqu'au bord du moment suprême, jusqu'au tombeau. On les voit, à la mort, remplir, par bienséance, les devoirs les plus sacrés de la religion; et, selon eux, c'est là le plus beau trait, le plus grand effort de leur probité, de ne point choquer dans ce moment les lois de la société et du culte établi, du culte que pratiquent les femmes, les enfans et les hommes les plus intelligens, les génies les plus sublimes, les caractères les plus robustes,

les hommes que les passions basses et honteuses n'ont pu
avilir. Quoi donc! la première loi, le premier devoir de
l'honnête homme n'est-il pas de n'être ni faux, ni trompeur, de rien jouer, de ne point feindre, en un mot, des
sentimens que l'on a pas? Peuple chrétien, eh! que penserons-nous de leur langage fastueux? *Il suffit d'être
honnête homme, c'est la meilleure des religions, cela suffit.* Que penserons-nous d'une secte dont la plus belle
action est une hyprocrisie? Nous n'exagérons pas, l'expérience ne nous instruit que trop tous les jours. Toute la
férocité des tyrans n'a pas su forcer un honnête homme
à feindre une religion qu'il n'avait pas; encore moins à
la feindre de sang-froid et par respect humain; les chrétiens mouraient plutôt que de feindre d'être païens pour
racheter leur vie; les païens même aimaient mieux être
persécutés que de feindre d'être chrétiens au dehors, ne
l'étant point au fond du cœur, parce que la probité ne
permet jamais de paraître ce que l'on est pas; moins encore en matière de religion qu'en tout autre. Peuple
chrétien, les incrédules, les gens sans pratiques de religion disent qu'il leur suffit d'être honnêtes hommes et
que cela leur suffit; pour moi, dans leur intérêt et le
vôtre, puis qu'ils voudraient vous faire avaler cette po-
tion mortelle, je me permettrai cette réponse. Les incrédules, nos grands comme nos petits sages qui veulent
singer les esprits forts, vos chefs, vos maîtres qui ne savent plus, qui ne pratiquent plus la religion, qui vous
laissent le lundi pour les dimanches, au mépris de la conservation de votre santé et le salut de vos âmes, ces incrédules, dis-je, aux derniers momens qu'ils donnent à
la religion, beaucoup de ces gens renvoient cette importante affaire à ce moment terrible; ils n'oseraient pour
la plupart franchir le seuil de l'éternité avec leur seule
probité chimérique. Eh bien! ces incrédules, au dernier
jour de leur pélérinage, ou croient à la religion, ou n'y
croient pas; s'ils y croient, il y a bien toute apparence
que la plus grande partie de leur vie n'a été qu'hypocri-

sie, fausseté, et qu'ils blasphémaient de bouche ce qu'ils croyaient de cœur ; s'ils n'y croient pas, je suis forcé de leur répéter qu'il est d'un malhonnête homme de dire à la mort ce qu'on ne pense pas, de faire à la mort un acte de religion qu'on ne croit pas, c'est clore sa vie par le mensonge et la perfidie. Peuple chrétien, nous laissons aux corrupteurs de vos âmes de choisir avec leurs principes de probité à la nouvelle façon ; ou ils ont vécu en fourbes, ou ils meurent en imposteurs ; avec leurs principes, je cherche l'honnête homme, il m'échappe ; mais je vois un abîme qu'ont ouvert mille et mille passions et que viennent combler tous les malheureux disciples de l'incrédulité.

Peuple chrétien, vous le comprenez, la religion de l'honnête homme ne suffit donc pas ; on ne peut donc pas être incrédule et honnête homme ? Le premier devoir de l'homme n'est-ce pas d'obéir à celui qui a fait l'homme ? La créature a-t-elle le droit de rejeter le joug de son créateur ? Ou les hommes irréligieux, incrédules, ignorans de nos jours seraient-ils encore réduits, malgré l'évidence des preuves et le témoignage irrécusable de dix-neuf siècles, à ignorer que Dieu a manifesté aux hommes ses volontés saintes, en nous donnant une religion positive, en nous révélant ce que nous devons croire et pratiquer ; les hommes quels qu'ils soient peuvent-ils mépriser ce grand bienfait de sa bonté incompréhensible, lui dicter la loi au lieu de la recevoir ? Dieu n'est-il pas le roi des esprits comme de la matière ? N'a-t-il pas le droit de commander à notre intelligence l'adhésion aux vérités qu'il nous a révélées, comme de commander à notre volonté la soumission aux préceptes qu'il lui donne ? Nous ne sommes pas plus les maîtres de nous soustraire à son empire qu'à ses gardes ? C'est donc le devoir de l'homme d'embrasser la regilion véritable, la religion divine ! L'homme est bien coupable de l'ignorer, de la rejeter, de la blasphémer, quand elle se présente avec des titres aussi légitimes, aussi suffisans pour subjuguer notre esprit ? Il est donc bien coupable

l'homme qui, après avoir reçu ses premiers embrasse-
mens, ses premières faveurs, la nourriture qui l'a élevée
si haut en dignité, après l'avoir connue et aimée, devient
ingrat et rebelle envers cette mère du genre humain pour
satisfaire de basses et viles passions? Il est donc bien
coupable l'incrédule, l'impie, l'ennemi de Dieu et de sa
religion de vouloir couvrir la honte, la turpitude et la
bassesse de son apostasie sous le nom dégradant de la religion de l'honnête homme?

Enfin, peuple chrétien, les incrédules, les impies de
toute classe, de toute condition, de toute position, fussent-ils sur un trône ou sous le chaume, ne doivent pas
se fâcher, ne se fâcheront pas sans doute de ce dernier
mot; si des reproches doivent se prononcer, c'est de votre bouche qu'ils doivent partir; avec la religion catholique pratiquée, vous étiez heureux et tout le monde; avec
les principes des impies, vous êtes malheureux et tout le
monde. Eh bien! je dirai donc, comme on juge du principe
par les conséquences, de la cause par ses effets, de même
la probité et la vertu d'une secte, il faut bien donner ce
nom à la petite église de l'incrédule, se connaissent aux
biens qu'elle a procurés, aux effets qu'elle a produits.
Personne ne me contredira : il y a long-temps qu'un ju-
gement raisonnable et juste est porté, que le christianisme
est une religion sainte et divine, qu'il a fait des enfans vertueux ; que la révolution qu'il a produite dans le monde
a été en faveur de la vertu, du bonheur et de la paix de
la société ; et que, depuis son apparition dans le monde,
non seulement il a fait du barbare un homme civilisé, mais
sa morale pure a perfectionné le sage et l'honnête homme
élevés à son école. L'incrédulité, elle aussi, est venue après
lui et a produit dans le monde une révolution, mère de
beaucoup d'autres. Ne sortez pas de nos frontières, elle a
fait aussi de grands changemens, elle a fait grandir nos
prisons, nos bagnes et rivé de nouvelles chaînes, en chan-
geant les mœurs et le caractère de la grande nation très
chrétienne. Peuple chrétien, demandez à vos corrupteurs,

aux bourreaux de vos corps et de vos âmes, si les changemens et les révolutions que leurs systèmes ont produits ont été à votre avantage et en faveur de la vertu? Demandez leur ce qu'était la France avant l'apparition de l'incrédulité, de l'impiété des grands et puissans du monde et de leurs systèmes anti-religieux et sociaux; demandez-leur maintenant ce qu'est la France et tout ce qu'elle a entraîné avec elle depuis l'apparition funeste des ennemis du Christ? Peuple chrétien, pour l'honneur de mon pays qui compte encore tant de milliers d'âmes chrétiennes et généreuses, tant de plumes intelligentes vouées à sa défense, à Dieu ne plaise que je tire le voile en entier! Si le mal est trop grand pour pouvoir le taire, il l'est aussi trop pour oser tout dire. Avec la religion pratiquée, la France vit fleurir dans son sein les vertus les plus éclatantes, les plus édifiantes; elle égala la gloire des plus grands empires, elle vit à sa tête tous ces grands hommes qui l'ont illustrée, aussi recommandables par leur piété que par leurs talens et leur valeur. Beau pays! plus éclatant par tous les élémens vitaux basés sur la morale, l'esprit de la foi, que le palais de cristal que le curieux avide de nouveautés s'empresse d'aller contempler dans la cité de l'hérésie. Où étiez-vous dans ces beaux jours de bonheur et de gloire, nouveaux législateurs, apôtres de l'incrédulité, destructeurs, bourreaux des peuples? Grands génies de nos jours, esclaves des passions les plus avilissantes pour la dignité de l'homme, grands esprits qui en avez trop pour croire à la religion, et pas assez pour rougir et sentir le faux de vos opinions, le scandale de vos systèmes, où étiez-vous alors? Si, comme la douce rosée qui fortifie la terre, les vertus étaient toujours descendues des hauteurs de la société et avaient été éclairer, alimenter et réjouir le cœur de l'âme du peuple, si les rois avaient toujours compris la mission divine et les devoirs que leur imposait la parole sacrée, *omnis potestas à Deo*; l'incrédulité devant ce grand et puissant faisceau d'exemples vertueux, aurait manqué d'élémens de vie et de conservation? L'incrudélité réprimée par l'exemple des rois, de tous ceux qui s'enorgueillissaient de se trouver sur les marches, aux pieds du trône, dans l'administration en général, condamnée au silence par la rigueur bienfaisante des lois, et à l'obscurité par l'indignation publique, elle n'aurait osé se produire, encore moins élever sa voix sacrilége? Mais depuis qu'une révolution philosophique, mère de l'incrédulité, c'est-à-dire la meurtrière de ｜tous les principes sages et de toutes les vertus qui font les honnêtes gens et les bons citoyens, a infecté tous les états, qu'elle n'a respecté ni rang, ni âge, ni sexe; depuis que ses émanations lancées dans des écrits, multipliés au mépris des lois et des mœurs de la religion, et du bon ordre social, ont soufflé la contagion jusqu'au dernier des hameaux, quels désordres, grand Dieu! n'avons nous pas vu succéder aux vertus de nos pères? Plus de Dieu, plus de mœurs, plus de patrie, anarchie et confusion dans toutes les conditions. Au milieu de cette décadence générale et du choc effrayant de toutes les passions, la religion même tremblerait sur sa base, si elle n'était aussi inébranlable que Dieu, son auteur. A elle seule, il appartient de placer une digue aux torrens impétueux des mauvaises doctrines et de tous les vices. Dites maintenant, peuple chrétien, si vous devez admettre avec les incrédules qui veulent vous pervertir et ont perverti une partie du monde, si la religion de l'honnête homme suffit; vos corrupteurs ont bien senti que, dans cette commotion sanglante qui vient de jeter l'alarme et le deuil dans la France, quand, terrorifiés par les conséquences désastreuses et inévitables de leur haine pour Dieu et sa religion, elle allait portant la torche de l'incendie et le cri de mort; peuple chrétien, témoins de la barbarie des enfans pervertis par l'incrédulité, ne délaissez pas la main bienfaisante de cette religion divine qui se prête à vous arracher des convulsions de l'agonie dans laquelle vous vous débattez depuis que sa fureur a éveillé toutes les passions que le christianisme est venu combattre? Toute religion qui ne resserre pas les liens de la société, les liens de la famille, tout système qui tend à diviser, à isoler les hommes, à les scinder en partis, portent le cachet de l'erreur, là n'est pas la vérité. La vérité unit, elle fait du monde entier une seule société, une seule famille, que dirige et gouverne la seule et véritable religion que Dieu nous a donnée.

Peuple chrétien, incrédules, impies, quels que vous soyez, brisez l'écorce terrestre qui vous enchaîne, qui vous avilit, vous dégrade ; sentez-le, comprenez-le, si, pour prendre rang parmi les grands et les puissans de la terre, vous aviez dans vos papiers un seul des titres qui fonde les droits du christianisme à votre croyance, resteriez-vous oisifs? Diriez-vous, qu'importe? Non, nous vous connaissons tous assez et trop entreprenans sous ce rapport. Et quoi! le diadème éternel que la religion vous offre sans nulle crainte de pouvoir réaliser sa promesse serait-il moins à vos yeux qu'une des fortunes des couronnes terrestres que la mort brise contre la pierre du sépulcre, quand les révolutions ne les entraînent pas sous les barricades!!!

Vous ne pouve z donc, peuple chrétien croire au langage séducteur de tous ceux qui tentent de vous pervertir, de vous arracher votre religion, fussent-ils riches, en places, maîtres ou roturiers ; ils n'ont même pas la religion de l'honnête homme dans le sens le plus étendu ; ils manquent à Dieu essentiellement, à la révélation, à l'église ; n'écoutez pas leur langage de probité, le déiste tient aussi ce langage.... Ils abjurent ce culte, ils se rient des promesses du baptême, ils rougissent de vivre et mourir dans les principes qu'ils ont reçus, ils consultent en tout leur raison, leur orgueil ; ils sont monarchiques, libéraux, républicains, socialistes enragés ; tout est bon pour eux, la loi du plus fort, pas de principes ; ils méconnaissent la mémoire de leurs pères, et plus encore, les exemples de foi, de probité, de bienséance, de justice qu'ils leur ont laissés ; ils ne veulent pas être seuls mis au ban de la bonne société.

Relégues dans la fange du mépris public, ils consultent encore leur raison, la religion de l'honnête homme, ils mettent alors tout en jeu pour tout pervertir et entraîner le peuple à ne plus rien croire; ils voudraient lui ôter la ressource des bons exemples que tout citoyen doit donner. Et voilà, peuple chrétien, cet honnête homme que vous rencontrez partout et sous toutes les formes; c'est un tyran, un meurtrier, un assassin, si vous admettiez qu'on put l'être à tel prix; il n'y aurait plus de fripons dans l'univers, le ciel serait ouvert à tous les plus vils scélérats? Oh probité fantastique! moi je t'appellerai vils esclaves de toutes les passions. Qu'y a-t-il, en effet, peuple chrétien, de plus héroïque et plus digne d'un grand cœur et généreux que l'empire qu'a l'homme de bien sur toute la faiblesse humaine? Quoi de plus grand que de le voir tenir, pour ainsi dire, sans cesse son âme entre ses mains, régler ses démarches, mesurer ses mouvemens, ne se permettre rien d'indigne d'un cœur honnête, maîtriser ses sens, les ramener au joug de la loi divine et humaine, arrêter la pente d'une nature toujours rapide vers le mal, étouffer mille désirs qui flattent, mille espérances qui amusent, tenir contre les séductions du commerce, du monde et la force des exemples pernicieux, et toujours maître de soi-même, ne souffrir à son cœur aucune bassesse capable de déshonorer un héritier du ciel? Quelle différence, peuple chrétien, de tout ce que le monde incrédule vous dit avec la probité, les sentimens et la vie religieuse des siècles chrétiens qu'illustrèrent leurs Constantin et leurs Théodose, terribles à la tête de leurs armées, humbles, religieux aux pieds des autels? Quelle différence de la vie, de la probité de tous nos impies avec la vie chrétienne, religieuse, modeste, réglée de tous les bons chrétiens, qui, au milieu de tant de systèmes de perversions, au milieu de tant d'ennemis de l'ordre temporel de leur salut éternel, au milieu de tant de perfides qui repoussent et méprisent ceux qui sont seuls dignes de louanges, ne veulent d'autre consolateur, d'autre protecteur, d'autre père, d'autre sauveur que celui que la religion leur a fait connaître? Et c'est sa morale pratiquée avec foi qui nous ouvre, bon peuple, à tous le bonheur, la paix et le chemin pour arriver, après les combats généreux et les misères de ce monde, à celui qui est préparé pour récompense de notre foi, de notre espérance, de notre charité dans l'autre monde.

Je vous ai fait voir bien en abrégé, peuple chrétien, vos bourreaux et les conséquences de leurs principes, qui, pour être plus explicites dans ces temps, n'en comptent pas moins quelques siècles d'existence; c'est pour vous préserver de leur contagion que l'église a toujours élevé la voix, cherché, selon la parole du maître, à ne faire de tous les peuples qu'un seul peuple, de toutes les sociétés une seule société, établie sur le grand et immuable précepte : Vous aimerez votre Dieu, vous vous aimerez les uns les autres, vous aimerez votre prochain comme vous-mêmes, vous leur ferez du bien. C'est par ce même principe que, vous et moi, ne condamnons que les actes et non les personnes.

FIN

Anzin, imprimerie de Boucher-Moreau.